Walther Ziegler

Marx
en 60 minutes

traduit par
Bruno Rousselet

Merci à Rudolf Aichner pour son infatigable travail de rédaction critique, à Silke Ruthenberg pour la finesse de son graphisme, à Angela Schumitz, Lydia Pointvogl, Eva Amberger, Christiane Hüttner, Dr. Martin Engler pour leur relecture attentive, et à Eleonore Presler, docteur en philosophie, qui a effectué une dernière relecture linguistique et scientifique du texte français. Je remercie aussi monsieur le Professeur Guntram Knapp à qui je dois ma passion pour la philosophie.

Je tiens à remercier tout particulièrement mon traducteur

Bruno Rousselet

Lui-même philosophe, il a traduit en français, avec soin et précision, mon texte allemand, le complétant là où nécessaire de passages adaptés spécifiquement aux besoins des lecteurs et lectrices francophones.

L'histoire de toute société jusqu'à nos jours est l'histoire de luttes de classes.[1]

Informations bibliographiques de la Bibliothèque nationale de France :
Cette publication est référencée dans la bibliographie nationale de la Bibliothèque nationale de France.
Les informations bibliographiques détaillées sont disponibles sur internet : www.bnf.fr
© 2019 Dr. Walther Ziegler

Première édition janvier 2019
Conception graphique du contenu et de la couverture: Silke Ruthenberg avec des illustrations de:
Raphael Bräsecke, Creactive - Atelier de publicité, bande dessinée & d'illustrations (dessins)
© JackF - Fotolia.com (cadres)
© Valerie Potapova - Fotolia.com (cadres)
© Svetlana Gryankina - Fotolia.com (bulles entourant les citations)
Édition: BoD – Books on Demand, 12/14 rond-point des Champs Élysées, 75 008 Paris
Impression: BoD – Books on Demand, Norderstedt, Allemagne

ISBN 9782-3-2210-967-8
Dépôt légal : janvier 2019

Table des matières

La grande découverte de Marx — 7

La pensée centrale de Marx — 13

   Les besoins matériels fondamentaux — 13

   Le travail — 19

   Base matérielle et superstructure — 22

   La religion comme opium du peuple — 28

   L'histoire comme lutte de classes — 32

   La théorie de la plus-value — 42

   Accumulation et concentration — 45

   Paupérisation et révolution — 51

   Dépérissement de l'État — 59

   Aliénation — 63

   Le dépassement de l'aliénation — 67

   Le royaume de la liberté — 69

À quoi nous sert aujourd'hui la découverte de Marx ? — 71

   La mise en garde contre le sorcier – comment garder le contrôle ? — 71

   Chaque époque a son idéologie – y compris la nôtre. Critique de l'idéologie aujourd'hui — 78

Réaliser le royaume de la liberté –
le travail n'est qu'une étape   85

Si l'égoïsme peut fonctionner, c'est
seulement en tant qu'être générique que
l'homme atteint à la perfection   89

Index des citations   **95**

La grande découverte de Marx

L'effort philosophique entrepris par Marx (1818-1883) est colossal. Il est le premier à avoir tenté de déchiffrer la loi du mouvement général de l'histoire de l'humanité. Il voulait tirer des enseignements précis du déroulement de l'histoire passée pour son évolution future et lui donner une orientation sensée.

Une telle entreprise semble de prime abord impossible voire mégalomane. Quel philosophe – aussi clairvoyant fût-il – pourrait prédire l'avenir et influencer l'évolution de l'histoire ?

Et pourtant, du passé et des évènements de son époque, Karl Marx est parvenu à tirer des conséquences philosophiques, économiques et sociales qui se vérifieront par la suite dans de nombreuses nations. Quelque cent ans après sa mort, un tiers de l'humanité vivait selon un modèle de société qui portait son nom. Ce qu'on appelle le marxisme s'est répandu dans le monde entier. Jamais auparavant ni depuis lors, un philosophe n'eut à lui seul un retentissement aussi considérable.

La situation sociale qui prévalait du temps de Marx, en particulier les conditions de travail dans les manufactures qui voyaient le jour à cette époque, était catastrophique. Les hommes, mais aussi les femmes et les enfants devaient travailler douze à quatorze heures par jour. Les conditions de logement et d'hygiène dans les quartiers miséreux des ouvriers étaient inhumaines. Marx estimait de son devoir de prendre parti pour la population indigente et de faire advenir une transformation révolutionnaire.

Cependant, pour Marx, ce n'est pas à lui seul mais à tous les philosophes qu'incombe la tâche de concourir à l'amélioration de la société. Il estimait qu'il ne fallait plus se contenter de comprendre et d'interpréter le monde comme cela avait été le cas au cours des deux millénaires passés. En accord avec le philosophe Feuerbach, Marx affirme dès lors :

Les philosophes n'ont fait qu'*interpréter* le monde de différentes manières ; ce qui importe, c'est de le *transformer*.[2]

Durant des années, le jeune Marx, en tant que journaliste et philosophe, observa la politique de son temps, l'histoire et le développement économique de l'Europe jusqu'à ce qu'il pensa avoir trouvé la cause de toute transformation. Toute l'évolution de l'humanité, de l'Antiquité à nos jours, ne serait que la succession nécessaire de grands affrontements entre divers groupes sociaux :

L'histoire de toute société jusqu'à nos jours est l'histoire de luttes de classes.[3]

À intervalles réguliers, nous dit Marx, surviennent de grandes révolutions qui transforment radicalement le système de domination et, partant, les fondements économiques de la société. Lui aussi vécut avec sa famille à une époque de mutation. Dans ses articles de journaux, il soutint la révolution de 1848 en Allemagne et rédigea avec son ami Engels le célèbre « Manifeste communiste ».

Cet appel à la révolution lui valut l'animosité féroce du roi de Prusse. Il fut pourchassé et dut fuir en France. Dans son pays d'origine, la Prusse, il aurait immédiatement été arrêté. On lui aurait même retiré la nationalité. Lorsque le roi de Prusse le poursuivit finalement jusqu'en France et exigea son extradition, il ne lui resta plus qu'à fuir en Angleterre avec sa famille. Il continua néanmoins à travailler à ses écrits révolutionnaires.

L'argent qu'il tirait de la vente de ses livres et articles de journaux ne suffisait toutefois pas pour nourrir les six membres de sa famille. À son ami Engels, qui le soutenait financièrement depuis l'Allemagne, il écrit, dans une lettre du 8 septembre 1852 :

> Ma femme est malade, ma petite Jenny est malade, Lehnchen a une sorte de fièvre nerveuse. Je n'ai pas pu et ne peux pas appeler le médecin, faute d'argent pour les remèdes. Depuis huit à dix jours, je nourris la famille de pain et de pommes de terre, et la question se pose de savoir si je pourrai encore leur en procurer aujourd'hui.[4]

Marx éprouva donc la pauvreté dans sa propre chair. Il vécut pendant l'industrialisation et vit autour de lui les villes croître rapidement, de plus en plus de gens migrer des campagnes vers les métropoles pour y travailler jour et nuit dans les manufactures. Il vit les enfants produire des quantités gigantesques de tissus pour un salaire de misère sur les machines des usines textiles. Et il vit de nouvelles voies ferrées sortir de terre, des mines se créer et des bateaux à vapeur remplis de marchandises naviguer entre l'Amérique et l'Europe.

Il analysa de manière étonnante le développement industriel en constante progression et arriva à la conclusion que le mode de production capitaliste moderne avait permis de produire comme jamais auparavant quantités de marchandises, mais que la majorité des humains restait exclue de la richesse et du bien-être générés. Il était aussi fermement convaincu que le libre jeu de l'offre et de la demande s'effondrerait à long terme et engendrerait des crises mondiales. C'est pourquoi il critiqua le système capitaliste et préconisa l'abolition de la propriété privée. À la place, un nouveau mode de production commun, dit communisme, devait être mis en place.

Ces réflexions eurent des répercussions considérables : dans des pays aussi différents que la Russie, la Chine, Cuba, le Nicaragua, le Mozambique et bien d'autres, des révolutions communistes eurent lieu. Pendant près d'un siècle, des gouvernements communistes et socialistes se réclamèrent de la philosophie historique et sociale de Marx.

Cependant, la production économique planifiée de ces États se révéla poussive et, dans de nombreux domaines, inefficace. Quelque cent années après la mort de Marx, le monde communiste qui vit le jour grâce à Marx s'est effondré. Depuis la dissolution de l'Union soviétique dans les années 1990, le communisme est considéré dans le monde entier comme un échec. Après la chute du Rideau de fer, beaucoup de gens pensaient que Marx s'était trompé et que le capitalisme était finalement le seul système économique prometteur. On espérait concilier démocratie, économie de marché et répartition équitable de la prospérité. Mais cet optimisme fut de courte durée.

Les crises économiques et financières globales des dernières décennies ont ébranlé la foi en l'autorégulation du capitalisme. Il apparaît de plus en plus clairement que le capitalisme présente lui aussi des faiblesses structurelles. Certaines prévisions de Marx, comme la monopolisation croissante et le fossé de plus en plus grand entre pauvres et riches, se sont déjà réalisées, d'autres se dessinent d'ores et déjà à l'horizon de l'histoire. Sa critique perspicace du capitalisme est donc plus actuelle que jamais. Nul doute que Marx a encore beaucoup de choses à nous dire.

La pensée centrale de Marx

Les besoins matériels fondamentaux

Le point de départ philosophique de Marx est d'une simplicité déconcertante et, au fond, irréfutable. Comme le dit Marx, il faut boire et manger pour vivre :

Mais pour vivre, il faut avant tout boire, manger, se loger, s'habiller et quelques autres choses encore.[5]

Toute philosophie doit donc partir de ces besoins matériels fondamentaux. Pour Marx, il serait vain de commencer une théorie philosophique par des réflexions sur Dieu, la justice ou même la raison humaine étant donné que toutes ces choses seraient impossibles sans ingestion de nourriture, c'est-à-dire sans métabolisme direct avec la nature. Selon lui, la satisfaction matérielle des besoins – le métabolisme, inspirer et expirer, manger et boire – est la condition de tout le reste. C'est pourquoi Marx pose, au début de la philosophie et au début de l'histoire de l'humanité, le simple fait que l'homme doit travailler pour satisfaire ses besoins matériels :

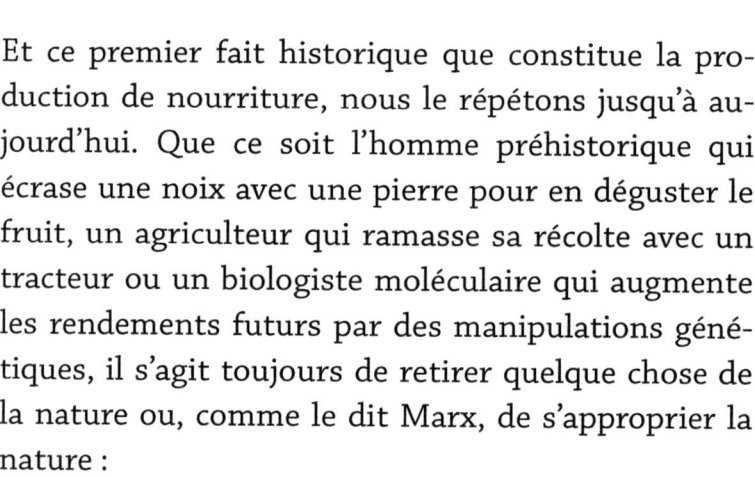

> Le premier fait historique est donc la production des moyens permettant de satisfaire ces besoins, la production de la vie matérielle elle-même [...].⁶

Et ce premier fait historique que constitue la production de nourriture, nous le répétons jusqu'à aujourd'hui. Que ce soit l'homme préhistorique qui écrase une noix avec une pierre pour en déguster le fruit, un agriculteur qui ramasse sa récolte avec un tracteur ou un biologiste moléculaire qui augmente les rendements futurs par des manipulations génétiques, il s'agit toujours de retirer quelque chose de la nature ou, comme le dit Marx, de s'approprier la nature :

> Toute production est appropriation de la nature […].[7]

L'homme n'est donc au départ pas quelque chose de spirituel ou de divin. Il a surtout, affirme Marx, des besoins matériels. Comme l'animal, il s'approprie la matière dont il a besoin. Il y a cependant une différence essentielle qui distingue les êtres humains des animaux à un certain point de leur évolution :

> Eux-mêmes commencent à se distinguer des animaux dès qu'ils commencent à produire leurs moyens d'existence […].[8]

L'animal ne produit pas de nourriture. Il la trouve spontanément dans la nature et peut la consommer directement sans autres moyens. Le buffle broute simplement l'herbe de la prairie. Même le fauve qui doit chasser sa proie reste, dans son activité vitale, en harmonie avec la nature intérieure et extérieure :

L'animal s'identifie directement avec son activité vitale. Il ne se distingue pas d'elle. Il est cette activité.[9]

Chez l'homme, le processus d'appropriation de la nature est nettement plus compliqué, plus ramifié et plus global. L'agriculteur produit les aliments, un deuxième les engrais, un troisième les machines que l'agriculteur utilise pour la récolte, et un quatrième le carburant dont l'agriculteur a besoin pour son tracteur et ses autres engins. Un cinquième construit la raffinerie où sera fabriqué le diesel, un sixième exploite les pétroliers qui acheminent le pétrole, un septième les tours d'extraction, et ce n'est que le début. Au final, une multitude d'étapes de travail seront nécessaires pour que l'agriculteur puisse récolter le blé, et il en faudra autant pour que le pain soit cuit et se retrouve emballé dans le supermarché.

À la différence de l'animal, l'homme ne survit donc

que par la division et la spécialisation du travail. Même au supermarché, l'homme ne peut pas simplement se servir dans les rayons mais doit d'abord se procurer l'argent dont il a besoin pour ce faire :

C'est pourquoi le travail [...] est pour l'homme une condition d'existence indépendante de toutes les formes de société, une nécessité naturelle éternelle, médiation indispensable au métabolisme qui se produit entre l'homme et la nature, et donc à la vie humaine.[10]

Et pourtant, pourrait-on rétorquer, les animaux ne doivent-ils pas eux aussi travailler pour leur nourriture et leur habitation ? Le castor ne construit-il pas des barrages pour attraper les poissons ? Marx aussi s'est posé cette question :

> Certes, l'animal aussi produit. Il se construit un nid, des habitations, comme l'abeille, le castor, la fourmi, etc. Mais il produit seulement ce dont il a immédiatement besoin pour lui ou pour son petit ; il produit d'une façon unilatérale, tandis que l'homme produit d'une façon universelle ;[11]

La production universelle de l'homme est en effet impressionnante. À ce jour, il existe plus de 14 000 branches professionnelles différentes dans lesquelles les hommes travaillent pour leur subsistance. Chez les populations d'abeilles et de fourmis, il existe aussi des « ouvrières », des « gardiennes » et des « reines », mais la division et la spécialisation de l'activité humaine ne se rencontrent chez aucune espèce animale à un tel degré de diversification.

Le travail

L'homme doit donc travailler pour satisfaire ses besoins fondamentaux en nourriture, en vêtements et en logement. Garder à l'esprit ce simple constat, c'est comprendre le cœur de la pensée de Marx. Car le travail, et donc la satisfaction des besoins fondamentaux, est le fondement de toute sa philosophie matérialiste :

Par la production pratique d'un *monde objectif*, l'*élaboration* de la nature non-organique, l'homme fait ses preuves en tant qu'être générique conscient [...].[12]

Selon Marx, l'homme fait donc ses preuves et s'accomplit dans le processus de travail, et ce en tant qu'être générique ou espèce - c'est-à-dire toujours en communauté avec les autres. En effet, l'homme travaille rarement seul : la plupart du temps, il collabore avec des collègues, que ce soit dans un bureau, sur un chantier ou dans une usine. Même dans les métiers où l'on est apparemment livré à soi-même, on dépend, en tant qu'être générique, d'autres individus. Dans son atelier, l'artiste solitaire produit ses œuvres pour les autres, il les vend et se procure denrées et vêtements avec le produit de sa vente. Chaque être humain est ainsi intégré dans la société depuis son plus jeune âge. Marx croit même que l'homme est profondément marqué par l'éducation, les parents, l'école et surtout la manière dont il travaille. C'est pourquoi il désigne l'individu comme étant la totalité ou l'ensemble des rapports sociaux :

> L'individu est l'*être* social. [...] La vie individuelle et la vie générique de l'homme ne sont pas *différentes* [...].[13]

La manière dont l'homme travaille dans la société joue un rôle tout à fait essentiel pour la conscience qu'il aura de lui-même. Un moine tibétain qui vit dans un cloître et assure sa subsistance en cultivant un jardin potager se sentira par exemple très différent d'un ouvrier sidérurgiste, d'une puéricultrice, d'un banquier, d'un footballeur professionnel, d'un musicien ou d'un boucher. Nous sommes forgés par le travail que nous effectuons :

> En produisant leurs moyens d'existence, ils produisent indirectement leur vie matérielle elle-même. [...] La façon dont les individus manifestent leur vie reflète très exactement ce qu'ils sont.[14]

Ce que Marx dit là est au fond quelque chose de très simple. Nous sommes ce que nous faisons et comment nous le faisons. La manière dont nous assurons notre subsistance joue donc un rôle essentiel parce que le travail détermine directement la façon de sentir et de penser de l'homme :

> Ce qu'ils sont coïncide donc avec leur production, aussi bien avec ce qu'ils produisent qu'avec la façon dont ils le produisent.[15]

Marx ne parle pas seulement de la façon de travailler de chaque individu, mais toujours de celle de toute la société. Ainsi, les belliqueux vikings qui assuraient leur subsistance par des pillages périlleux et des attaques brutales avaient par exemple une toute autre conscience d'eux-mêmes que les peuples d'agriculteurs qui vivaient de leur labeur et du patient travail de la terre. Marx va même plus loin. Tout, absolument tout ce qui se passe dans la tête des hommes, les convictions intimes, la morale et même la religion, ne sont que les reflets des conditions matérielles de production respectives. Toutes les idées ne sont, comme le dit Marx littéralement, qu'une superstructure intellectuelle par rapport à la base matérielle.

Base matérielle et superstructure

La théorie base/superstructure occupe une place centrale dans la philosophie matérialiste. Tout ce qui relève de « l'esprit », c'est-à-dire aussi la pensée apparemment libre des individus et la « conscience » avec ses nombreux projets et intentions, ne sont selon Marx que des réflexes issus des conditions matérielles. À cet égard, Marx est diamétralement opposé au grand philosophe allemand Hegel, qui n'avait de cesse de souligner l'évolution spirituelle de l'humanité. Pour Marx, Hegel se serait trompé sur ce point. Ce n'est pas la conscience et ses décisions qui forgent notre vie, mais l'inverse : c'est la vie matérielle qui détermine ce qui se passe dans notre tête. Ce renversement matérialiste est le sens profond de l'affirmation bien connue et souvent citée : l'être détermine la conscience. Ou, pour reprendre les mots de Marx :

> Ce que sont les individus dépend donc des conditions matérielles de leur production. [...] Ce n'est pas la conscience qui détermine la vie, mais la vie qui détermine la conscience.[16]

Ainsi, les sociétés humaines sont passées par différentes formes de production au cours de l'histoire et ont en conséquence engendré différents courants religieux et artistiques comme superstructure. Mais la base est toujours le mode de production :

> La religion, la famille, l'État, le droit, la morale, la science, l'art, etc., ne sont que des modes *particuliers* de la production [...].17

Si l'on considère par exemple les vikings, on comprend aisément pourquoi la religion n'est pour Marx qu'une apparence consécutive à la production sociale. Les peuples dits prédateurs tels que les vikings produisent la majeure partie de leur subsistance par le biais d'agressions et de pillages. Ils vénèrent généralement un dieu guerrier, courageux et agressif comme divinité supérieure et principale, tandis que les peuples qui vivent d'une production agraire tendent plutôt à fêter des jours de grâce pour les moissons et les récoltes et à adorer un dieu de la météorologie. La vénération d'un dieu de la foudre ou d'un dieu du soleil auquel on demande de faire prospérer les cultures et de les préserver de la grêle n'est, selon Marx, que la superstructure nécessaire à la base matérielle d'un peuple d'agriculteurs dont la survie dépend de la récolte. Les peuples côtiers qui vivent de la pêche ou du commerce maritime vénèreront en revanche un dieu de la mer ou des vents ; les gens des montagnes, la sainte Barbara, patronne des mineurs. Les peuples sédentaires construisent des temples sur les hauteurs qui dominent leurs champs, tandis que les peuples nomades se déplacent avec leurs troupeaux et emportent leurs divinités dans une arche d'alliance. À chaque fois, c'est la base matérielle qui détermine les cérémonies et les contenus de la religion.

Les peuples peu nombreux peuvent se permettre le polythéisme ; les grands empires comme l'Empire romain ont besoin, pour ne pas se disperser en cent vénérations divines différentes, d'un dieu unique qui les réconcilie et les unit tous. L'abolition du polythéisme et l'introduction du monothéisme par l'Empereur Constantin fut, pour le gigantesque Empire romain, la superstructure nécessaire à la base matérielle. Le meilleur ami de Marx, Friedrich Engels, résume bien la théorie de la base et de la superstructure : « [...] nous ne pouvons qu'en tirer la conclusion que, consciemment ou inconsciemment, les hommes puisent en dernière analyse leurs conceptions morales dans les rapports pratiques [...] dans lesquels ils produisent et échangent [...]. »[18]

Marx et Engels critiquent donc la philosophie purement idéaliste qui prévaut en Allemagne comme étant non scientifique et lui opposent catégoriquement leur philosophie matérialiste :

> À l'encontre de la philosophie allemande qui descend du ciel sur la terre, c'est de la terre au ciel que l'on monte ici. Autrement dit, on ne part pas de ce que les hommes disent, s'imaginent, se représentent [...].[19]

Fichte, Schelling et Hegel partaient simplement de leur représentation personnelle de dieu. Le matérialisme, au contraire, allait prendre la direction inverse.

> [...] on part des hommes dans leur activité réelle, c'est à partir de leur processus de vie réel que l'on représente aussi le développement des reflets et des échos idéologiques de ce processus vital.[20]

Par reflets et échos idéologiques, Marx n'entend pas seulement le reflet direct des rapports de travail dans la religion. Il avance aussi la thèse que les modes de production respectifs d'une société génèreraient une idéologie en conséquence, c'est-à-dire une conscience particulière dans la tête des sujets pour justifier le système de domination. Ainsi, dans le féodalisme, il était par exemple très important que tous les serfs et paysans sans terre croient que les nobles avaient le sang bleu et étaient élus par dieu dans le but de dominer, tout comme dieu les avait mis à leur place de paysans et de valets dans le but de servir. Du fait de cette conception d'un droit divin, les rois et les nobles n'étaient pas tenus de justifier pourquoi ils vivaient des impôts des paysans sans travailler eux-mêmes. L'idéologie n'est donc, selon Marx, qu'une fausse conscience tant que le contenu des pensées et croyances ne sert pas à toute la population et ne profite qu'à un petit nombre. La superstructure n'est en effet jamais que le reflet de la conscience de la classe dominante du moment, et non la conscience des dominés :

> Les idées dominantes d'une époque n'ont jamais été que les idées de la classe dominante.[21]

La religion comme opium du peuple

> C'est *l'homme qui* fait la religion et non la religion qui fait l'homme.[22]

De toutes les idées spirituelles de la superstructure, c'est la religion que Marx critique le plus. Car celle-ci prend au cours des siècles une signification particulière.

> La religion est la théorie générale de ce monde, [...] son complément cérémoniel, son universel motif de consolation et de justification. [...] La religion n'est que le soleil illusoire qui se meut autour de l'homme, tant qu'il ne se meut pas autour de lui-même.[23]

La pensée centrale de Marx

Selon Marx, la religion a une fonction de consolation pour l'homme dans la mesure où elle explique et justifie les nombreuses souffrances qu'il faut endurer dans la vie. En guise de dédommagement et de récompense pour toutes les injustices et tourments que l'homme doit supporter dans la vie, la religion lui promet une seconde vie ultérieure au paradis. Marx compare l'effet apaisant de la religion avec l'effet des drogues :

La religion est le soupir de la créature accablée. [...] Elle est l'*opium* du peuple.[24]

Si la promesse d'un paradis dans l'au-delà peut être une consolation effective, la religion présente néanmoins un inconvénient majeur en ce qu'elle fait obstacle à l'amélioration de l'ici-bas. Pour cette raison, Marx exige son « abolition » immédiate :

« L'abolition de la religion en tant que bonheur *illusoire* du peuple est l'exigence de son *bonheur réel*. »[25]

C'est pourquoi nous devons critiquer la religion autant que possible. Car si nous parvenons à l'abolir, espère Marx, cela libèrera des forces capables de s'attaquer aux vrais problèmes de la terre et de les résoudre :

« La critique du ciel se transforme ainsi en critique de la terre [...]. »[26]

Tant que dieu est considéré comme l'être suprême, toute injustice peut être justifiée dans la mesure où c'est une épreuve de dieu :

La pensée centrale de Marx

La critique de la religion s'achève par la leçon que *l'homme est, pour l'homme, l'être suprême,* donc par *l'impératif catégorique de renverser toutes les conditions sociales où* l'homme est un être abaissé, asservi, abandonné, méprisable [...].[27]

Marx formule ici la pensée centrale de sa philosophie. Il s'agit de renverser toutes les conditions matérielles où l'homme est un être asservi.

L'histoire comme lutte de classes

L'histoire n'est pour Marx rien d'autre que la succession de différentes phases de production matérielle. Au début de l'histoire, les hommes produisaient encore leur nourriture en commun. Ils vivaient en hordes et tribus. Pour la société tribale, ou société des Gentils, comme Marx et Engels l'appellent, il s'agit en premier lieu de la survie de la tribu. « À tous les stades antérieurs de la société, la production était essentiellement une production commune, de même que la consommation se faisait par une répartition directe des produits au sein de collectivités communistes plus ou moins vastes. »[28]

Les Indiens d'Amérique du Nord, par exemple, partaient ensemble à la chasse au bison, puis partageaient la viande entre tous les membres de la tribu. Les premières sociétés tribales étaient encore des sociétés primitives sans classe dans lesquelles n'existaient ni propriété, ni capitalistes, ni dépossédés. Tout appartenait à tout le monde. Il aurait de toute façon été vain d'accumuler des biens. Lorsque par exemple la tribu indienne démontait son campement pour suivre le troupeau de bisons, on ne pouvait de toute façon emporter que ce qu'on était en mesure de porter. L'accumulation d'objets de luxe au-delà de quelques bols et assiettes n'avait pas de sens. Il n'y avait pas non plus de division du travail ni d'argent. Ainsi, chaque Indien était en mesure de fabriquer lui-même tout ce dont il avait besoin, de l'arc à flèches aux perches des tipis. Engels décrit la reproduction de la société des Gentils comme étant désintéressée et saine : « [...] et tant que la production est établie sur cette base, son contrôle ne peut échapper aux producteurs, elle ne peut faire surgir devant eux le spectre de forces étrangères, comme c'est le cas, régulièrement et inéluctablement, dans la civilisation. »[29]

Marx et Engels détaillent très peu l'état primitif sans classe mais signalent que la société des Gentils ou société tribale n'avait pas besoin de propriété pour sa reproduction matérielle. En effet, dans les cultures tribales ancestrales, les rapports de propriété n'étaient pas encore très marqués. Nous savons de par les descriptions de l'historien romain Tacite que chez les tribus germaniques, au changement d'année, la moitié des hommes partait à la guerre tandis que l'autre moitié cultivait les champs avec les femmes.

C'est seulement avec les progrès de l'agriculture et le passage du nomadisme à la sédentarité que se sont formées, selon Marx, les premières sociétés basées sur la propriété et l'esclavage. Marx et Engels font cependant la distinction entre les sociétés esclavagistes asiatiques et européennes, à savoir entre le despotisme perse et le despotisme romain. À partir de là, toute l'évolution ultérieure est marquée par des conflits entre groupes dominants et dominés appelés « classes ».

> L'histoire de toute société jusqu'à nos jours est l'histoire de luttes de classes.[30]

C'est le conflit entre les classes qui est le moteur de l'Histoire.

> Homme libre et esclave, patricien et plébéien, baron et serf, maître de jurande et compagnon, bref oppresseurs et opprimés, en opposition constante, ont mené une lutte [...] qui finissait toujours [...] par une transformation révolutionnaire de la société tout entière [...].[31]

À la société esclavagiste a succédé la société féodale, également marquée par un conflit. Car tous les nobles ainsi que le roi vivaient de ce que paysans, vassaux, artisans, marchands et citoyens produisaient. Pour les nobles, travailler ne convenait pas à leur rang. Les nobles de haut rang se protégeaient même du soleil par des ombrelles afin de se distinguer des travailleurs agricoles au teint mat. La noblesse estimait que les activités commerciales n'étaient pas non plus dignes de son rang. Or, c'est justement du fait que la noblesse délaissa les métiers, le commerce et le crédit qu'elle engendra une nouvelle classe consciente d'elle-même, que Marx appelle la bourgeoisie. Tandis que les nobles se contentaient de gérer leurs biens ruraux et de réclamer impôts et services aux paysans, les bourgeois fondèrent dans les villes des entreprises artisanales, des manufactures et les premières fabriques. La bourgeoisie eut vite fait de réaliser, sur une petite partie des terres, des rendements bien plus élevés que ceux obtenus par les nobles sur leurs immenses propriétés. Dans toute l'Europe, les nobles s'endettèrent auprès des marchands, fabricants et comptoirs de commerce. Plus la noblesse s'appauvrissait et s'endettait auprès de la bourgeoisie, plus celle-ci s'enrichissait et réclamait à son tour le pouvoir politique, jusqu'à ce que des révolutions éclatent dans toute l'Europe et que le féodalisme périclite avec toute sa superstructure.

Mais de même que la noblesse, en refusant de pratiquer l'industrie et le commerce, avait permis l'ascension de la bourgeoisie, celle-ci, en tant que nouvelle classe dominante, a aussi généré sa propre relève ou, comme le dit Marx, sa négation dialectique. Dialectique signifie ici simplement que la classe dominante fait surgir une classe opprimée, ce qui mène à la lutte des classes, à partir de laquelle surgit à nouveau une nouvelle forme de société.

Classe au pouvoir depuis un siècle à peine, la bourgeoisie a créé des forces productives plus nombreuses et plus gigantesques que ne l'avaient fait toutes les générations passées prises ensemble.[32]

Le processus de mondialisation s'amorce et ne peut plus, selon Marx, être arrêté :

À la place de l'isolement d'autrefois des régions et des nations se suffisant à elles-mêmes, se développent des relations universelles, une interdépendance universelle des nations.[33]

À l'inverse de la société tribale, esclavagiste ou féodale, dont la production était encore essentiellement agricole, la production s'organise alors sur un mode industriel. Et ce nouveau mode de production modifie profondément le monde :

Mise sous le joug des forces de la nature, machinisme, application de la chimie à l'industrie et à l'agriculture, navigation à vapeur, chemins de fer, télégraphes électriques, défrichement de continents entiers, régularisation des fleuves,

> populations entières jaillies du sol – quel siècle antérieur aurait soupçonné que de pareilles forces productives sommeillaient au sein du travail social.³⁴

Toutefois, note Marx, l'abondance qui résulte de cette gigantesque capacité de production n'est pas répartie également entre tous les membres de la société. Au contraire, c'est la grande bourgeoisie qui possède l'ensemble des moyens de production, des machines aux grands magasins dans lesquels se vendent les produits. Les travailleurs et salariés ne possèdent en revanche que leur force de travail. Ainsi s'affrontent à nouveau, selon Marx, deux classes antagonistes, la « bourgeoisie » et les « prolétaires ».

> Mais la production capitaliste engendre à son tour, avec l'inéluctabilité d'un processus naturel, sa propre négation. C'est la négation de la négation.³⁵

Comme la bourgeoisie est l'adversaire ou, comme le dit Marx, la négation de la noblesse, le prolétariat est logiquement, vis-à-vis de la bourgeoisie, la « négation de la négation ». Car la classe dominante engendre de nouveau, avec les travailleurs de plus en plus sous-payés, ses propres adversaires. Dans le manifeste communiste, un ouvrage devenu célèbre, Marx et Engels exhortent les travailleurs à prendre le pouvoir :

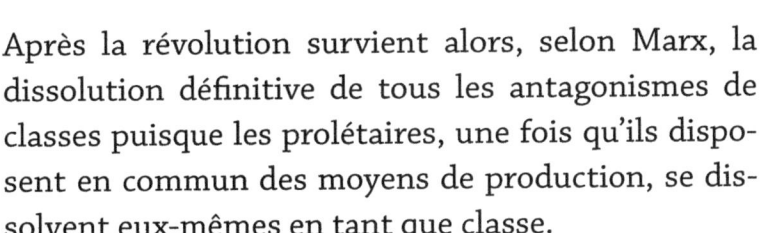

Les prolétaires n'ont rien à [...] perdre que leurs chaînes. Ils ont un monde à gagner. Prolétaires de tous les pays, unissez-vous ![36]

Après la révolution survient alors, selon Marx, la dissolution définitive de tous les antagonismes de classes puisque les prolétaires, une fois qu'ils disposent en commun des moyens de production, se dissolvent eux-mêmes en tant que classe.

Ce modèle de l'histoire exposé par Marx est au fond très simple. Au début, il y avait la société originelle communiste sans classes, car les premières sociétés tribales chassaient et cultivaient les champs en commun. La propriété n'existait pas. Suite à la division du travail et au développement de la technique se succédèrent alors, de la société esclavagiste de l'Antiquité à la société bourgeoise en passant par la société féodale, toute une série de sociétés aliénées fondées sur la propriété, débouchant finalement sur la révolution communiste où la propriété privée serait de nouveau abolie et l'état originel sans classes serait rétabli.

L'unité de l'individu et de la société, la réconciliation des classes : tel est donc le but ultime de l'histoire. Et cette tâche incombe selon Marx et Engels à la classe ouvrière qui, au faîte de l'expansion capitaliste, prend le pouvoir et érige une société juste dans laquelle plus personne n'est l'esclave d'un autre. Cependant, cet avènement n'est pas dû au fait que les travailleurs ont subitement l'idée de faire une révolution. Une telle conception renverrait à une philosophie idéaliste de l'esprit. D'après Marx, ce sont au contraire les rapports de production matériels eux-mêmes qui entrent en contradiction et font s'écrouler le capitalisme comme un château de cartes. Le processus selon lequel les forces du capitalisme peuvent entrer en contradiction, Marx l'expose dans son fameux grand ouvrage intitulé « Le Capital ». Au cœur de cette œuvre majeure, qui n'a rien perdu de son actualité, on trouve les théories de la plus-value, de l'accumulation, de la concentration et de la paupérisation.

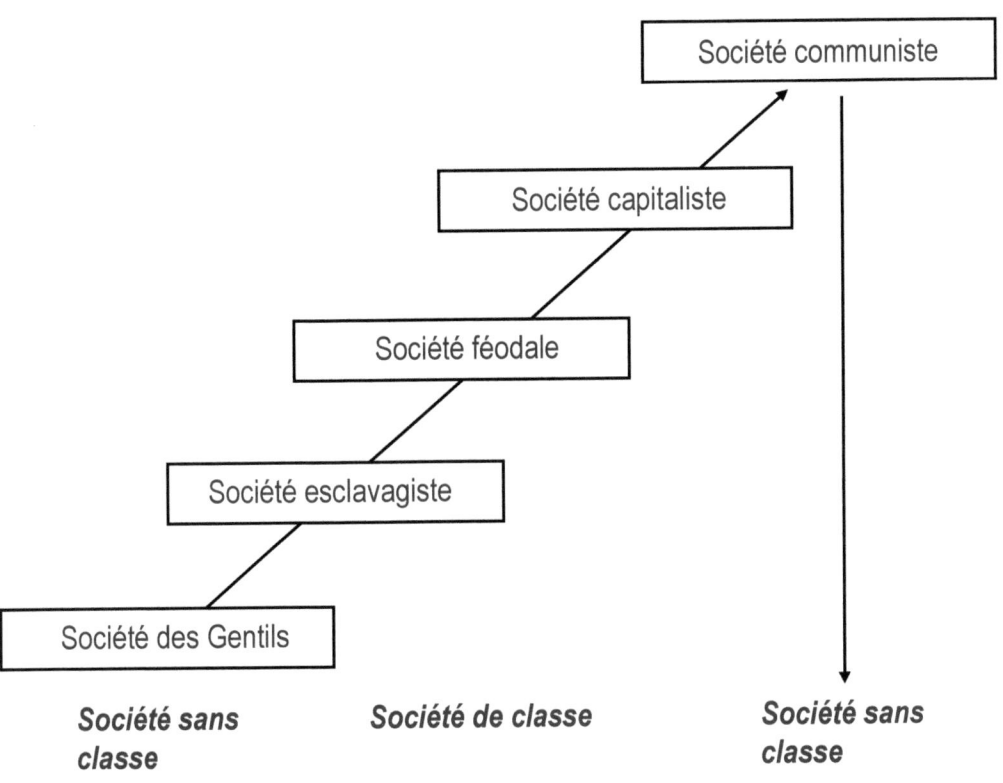

La théorie de la plus-value

Le capitaliste ne paie pas à l'ouvrier ce que celui-ci réalise pour lui, mais nettement moins. Il retient la « plus-value » du travail fourni. Marx cite des exemples d'usines dans lesquelles les ouvriers sont rémunérés en moyens de subsistance ou en reçoivent juste assez pour pouvoir nourrir leur famille. Le capitaliste retient tout l'argent réalisé en plus par les ouvriers et perçu lors de la vente des marchandises :

> L'ouvrier reçoit des moyens de subsistance en échange de sa force de travail, mais le capitaliste, en échange de ses moyens de subsistance, reçoit du travail, [...] au moyen de [quoi] l'ouvrier non seulement restitue ce qu'il consomme, mais donne au travail accumulé une valeur plus grande que celle qu'il possédait auparavant.[37]

Supposons que sur une journée de 12 heures, l'ouvrier d'une fabrique de coton produise des tissus pour chemises et pantalons d'une valeur de 1000 euros à la vente. Mais pour ces 12 heures de travail, l'entrepreneur ne lui paie que 60 euros. Le remboursement de l'atelier de production et des machines ainsi que le paiement du concierge, du comptable, de l'équipe de nettoyage et l'achat de coton brut coûtent en outre à l'entrepreneur proportionnellement 30 euros par jour et par travailleur. Il reste donc au capitaliste, par rapport au salaire de 60 euros qu'il a versé à l'ouvrier, une plus-value de 910 euros. Le capital de l'entrepreneur augmente rapidement. Aussi Marx pose-t-il la question rhétorique :

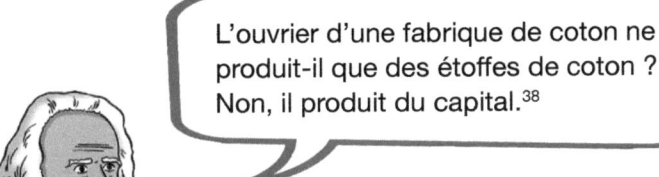

L'ouvrier d'une fabrique de coton ne produit-il que des étoffes de coton ? Non, il produit du capital.[38]

Du fait que l'ouvrier vend sa simple force de travail, il perd tout droit sur le produit qu'il a fabriqué par son travail. Même si ce produit a au bout du compte une valeur d'usage extrêmement élevée et représente en conséquence une valeur de marché élevée, il ne recevra comme salaire horaire pour sa force de travail que la valeur horaire convenue préalablement.

Le salaire n'est donc pas une part de l'ouvrier à la marchandise qu'il produit.[39]

Dans la plupart des cas, le salaire horaire sera cependant bien inférieur à la valeur que l'ouvrier génère réellement pendant cette heure. Le prix de vente élevé du produit fini, qui est en réalité le fruit de l'activité de l'ouvrier, est empoché par le seul entrepreneur. Car celui-ci fait « usage », pour un jour ou plus, de la force de travail de l'ouvrier et incorpore sa force de travail au produit sans vie. L'entrepreneur retient la plus-value et ne cesse ainsi de s'enrichir.

La pensée centrale de Marx

Accumulation et concentration

La plus-value réalisée est réinvestie et entraîne une production encore plus grande de plus-value[1]. Le capital crée donc automatiquement du capital sans cesse plus grand.

Produire de la survaleur, faire du plus et du plus, telle est la loi absolue de ce mode de production.[40]

Une fois que ce processus est en cours, il n'est plus possible de l'arrêter. Chaque entreprise doit continuer de croître, d'augmenter sa production et de conquérir de nouveaux marchés. Si une entreprise y renonçait par souci de modestie, elle courrait le risque d'être évincée du marché par des entreprises

---

[1] N. d. T. : le terme allemand Mehrwert peut être traduit par plus-value ou par survaleur. Le premier terme est aujourd'hui privilégié.

plus grandes. C'est pourquoi chaque entreprise est contrainte de multiplier sa force de capital en réinvestissant le bénéfice et en générant un bénéfice encore plus grand.

Mais dès que tous les secteurs de vente possibles sont conquis et que les marchés sont saturés, un capitaliste ne peut plus s'agrandir qu'en reprenant, rachetant, phagocytant ou détruisant les sites de production d'un autre. Une entreprise sans expansion se voit mise hors course. C'est pourquoi, dit Marx, tout capitaliste doit essayer de vaincre ses concurrents et de les évincer du marché. Dans cette lutte impitoyable de la concurrence, le capitaliste utilise une arme qui a fait ses preuves :

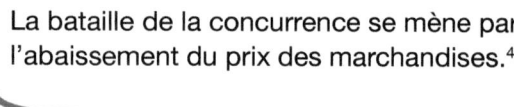
La bataille de la concurrence se mène par l'abaissement du prix des marchandises.[41]

Un capitaliste qui veut monopoliser le marché des tournevis doit pour un temps proposer des tournevis à un prix nettement plus bas que la concurrence. S'il parvient à rester nettement en-dessous du prix d'un autre fabricant pendant une période assez longue, celui-ci ne pourra plus vendre ses produits comparativement chers sur le marché. Il devra tôt ou tard arrêter sa production ou la vendre au capitaliste plus grand. Ce qui est donc décisif pour la survie dans la concurrence capitaliste, c'est le prix ou, comme le dit Marx, le caractère bon marché de la marchandise :

> Le bas prix des marchandises dépend [...] de la productivité du travail, mais celle-ci dépend de l'échelle de la production. Il s'ensuit que les capitaux plus grands battent les plus petits.[42]

Les processus de concentration et d'accumulation sont étroitement liés. Le capitaliste qui dispose du taux d'accumulation le plus élevé pourra accumuler à terme bien plus de capital et faire plier le concurrent en pratiquant le dumping des prix à l'aide de son capital. Il aura pour ainsi dire le souffle le plus long et pourra se permettre de produire à perte pendant un certain temps s'il parvient à pousser à la ruine un concurrent gênant :

> La concurrence [...] se termine toujours par la ruine de nombreux petits capitalistes, dont les capitaux passent, pour une part, entre les mains du vainqueur et, pour l'autre, trépassent.[43]

Mais dès qu'un entrepreneur a atteint, pour un certain produit, une position dominante sur le marché et qu'il est par exemple l'un des seuls voire le seul fournisseur d'énergie, il peut dicter le prix de l'électricité étant donné que plus personne ne lui fait concurrence. Des millions de consommateurs sont alors tributaires du seul producteur qui subsiste. À l'étape suivante, le monopoliste essaiera, avec son capital qui s'accumule à présent encore plus vite, de conquérir des secteurs d'activité supplémentaires et de monopoliser d'autres marchés. Ce faisant, la production capitaliste génère un nouveau champ d'action dont toute la société sera désormais dépendante, le secteur des banques et du crédit :

La pensée centrale de Marx

> [...] il se constitue avec la production capitaliste une puissance toute nouvelle, le système de crédit, qui s'installe au début en catimini, comme modeste assistant de l'accumulation, puis attire par d'invisibles fils, que tiennent des capitalistes individuels ou associés, les moyens de paiement éparpillés en masses plus ou moins grandes à la surface de la société [...] et se transforme enfin en un monstrueux mécanisme social de centralisation des capitaux.[44]

Suite aux reprises et fusions au sein de la concurrence, de plus en plus de petits capitalistes sont expropriés par les grands. Les trusts qui subsistent luttent alors pour le marché mondial et la monopolisation progresse inéluctablement :

> Un capitaliste en envoie, à lui seul, un grand nombre d'autres *ad patres*. Parallèlement à cette centralisation ou à cette expropriation d'un grand nombre de capitalistes par quelques-uns, se développent [...] l'application consciente de la science à la technique, l'exploitation méthodique de la terre, [...] l'intrication de tous les peuples dans le réseau du marché mondial et, partant, le caractère international du régime capitaliste.[45]

Paupérisation et révolution

La paupérisation est la conséquence directe de l'accumulation et de la concentration de capital. Étant donné que quelques entreprises intervenant à l'échelle mondiale amassent de plus en plus de capital, c'est-à-dire s'enrichissent, l'argent manque ailleurs. En fin de compte, des trusts rassemblent des quantités faramineuses de capital entre les mains d'une seule personne tandis que les travailleurs, citoyens et consommateurs se retrouvent de plus en plus les mains vides.

> Le capital peut croître en un lieu entre les mains d'une seule personne pour atteindre des masses considérables, parce qu'il est soustrait en un autre des mains de nombreuses personnes.[46]

Tant qu'il existe encore beaucoup de petits entrepreneurs, le marché fonctionne bien ; mais dès que, suite au processus de concentration, quelques trusts accaparent l'ensemble de la production de biens, tout est déstabilisé et la paupérisation commence :

> À mesure que diminue régulièrement le nombre de magnats du capital [...] s'accroît le poids de la misère, de l'oppression, de la servitude, de la dégénérescence, de l'exploitation, mais aussi la colère d'une classe ouvrière en constante augmentation [...].[47]

À titre individuel, l'entrepreneur ne se rend pas moralement coupable de la misère des travailleurs. En effet, il ne fait que suivre les règles de l'économie de marché et de la concurrence, il pense forcément en termes de gestion d'entreprise. Pour ne pas être dépassé par une autre entreprise dans la lutte des bas prix, il essaie de baisser ses coûts et d'augmenter son taux de profit. Il paie donc le plus petit salaire possible, délocalise la production à l'étranger, automatise ses usines et dégraisse son personnel de gestion. Dès lors, il doit payer nettement moins de salaires et peut produire à moindre prix. Mais il en résulte une baisse de pouvoir d'achat des ouvriers et employés que l'entrepreneur remplace par des machines et pousse vers le chômage. Comme il n'est pas le seul à agir de la sorte, mais que des entrepreneurs d'autres secteurs de production font pareil, de plus en plus de travailleurs sont employés à bas salaires ou licenciés. Les travailleurs en voie de paupérisation ne peuvent plus acheter de marchandises et consommer, ce qui a pour effet de baisser à nouveau le bénéfice des entreprises productrices. Celles-ci mettent en place le chômage partiel ou licencient encore plus de travailleurs. La spirale descendante s'accélère encore. La paupérisation devient de plus en plus dramatique. Les marchandises s'entassent dans les entrepôts tandis que, devant les portes des usines, de plus en plus de chômeurs attendent de trouver un emploi :

Plus grandissent la richesse sociale, le capital en fonctionnement, l'ampleur et l'énergie de sa croissance, [...] et plus grandit l'armée industrielle de réserve.[48]

Pour briser ce cercle vicieux de pouvoir d'achat insuffisant et de production en baisse, les entrepreneurs devraient payer d'un coup, de leur plein gré, des salaires plus élevés aux travailleurs afin que ceux-ci puissent de nouveau acheter quelque chose.

Mais jamais les entrepreneurs n'agiraient de la sorte. Car en tant qu'entrepreneurs, ils pensent en termes d'économie d'entreprise et non pas en termes d'économie globale. Face à la baisse du chiffre d'affaires, ils licencient encore plus de travailleurs et la crise s'emballe à l'échelle mondiale. La conjoncture s'effondre, engendrant récession et chômage de masse. À un moment donné, presque plus rien ne se vend. Emmené par son propre impératif de rationalisation, le capitalisme plonge alors à tel point dans la récession, selon Marx, que les premières entreprises commencent à fermer et à licencier tous les travailleurs.

Au bout du compte, une armée non utilisée de chômeurs se tient devant des portes d'usines fermées derrière lesquelles se trouvent des installations de production technologiquement avancées prêtes à fonctionner mais sans personne pour les faire tourner. Les entrepôts débordent de beaux produits, mais plus personne ne peut les acheter. C'est, d'après Marx, le moment de la révolution :

La pensée centrale de Marx

> À un certain stade de leur développement, les forces productives matérielles de la société entrent en contradiction avec les rapports de production existants [...].⁴⁹

Par « forces productives matérielles », Marx entend les travailleurs et les entrepreneurs ; par « rapport de production existants », il désigne les machines, les usines, la manière dont on produit. La contradiction réside tout simplement dans le fait que dans la crise économique mondiale, un grand nombre de chômeurs sans pouvoir d'achat fait face à quelques entrepreneurs dotés d'entreprises et de firmes techniquement bien équipées, sans que les travailleurs puissent encore acheter quoi que ce soit ou que les entreprises puissent encore produire quelque chose. Lorsque le système est paralysé à ce point, les travailleurs prennent en charge les installations de production dans un acte révolutionnaire. Ils exproprient les capitalistes monopolistiques qui avaient auparavant phagocyté tous les autres petits capitalistes. Les expropriateurs sont à leur tour expropriés, comme le formule Marx :

> La centralisation des moyens de production et la socialisation du travail atteignent un point où elles deviennent incompatibles avec leur enveloppe capitaliste. On la fait sauter. [...] On exproprie les expropriateurs.[50]

Ce qu'il est important de noter, c'est que la révolution survient à cause de la contradiction matérielle, et non pas parce qu'un travailleur ou Marx lui-même aurait eu l'idée de faire une révolution. D'une certaine manière, le capitalisme se supprime lui-même en s'empêtrant dans ses contradictions matérielles. Et le communisme qui s'ensuit n'est que le résultat matériel de cette évolution historique. C'est un aspect auquel Marx et Engels attachent beaucoup d'importance :

La pensée centrale de Marx

> Le communisme n'est pour nous ni un état qui doit être créé, ni un idéal sur lequel la réalité devra se régler.[51]

Le communisme est bien plus un mouvement matériel qui surgit des contradictions réelles du capitalisme. Marx et Engels sont des matérialistes. C'est pourquoi ils n'ont de cesse de souligner que la révolution ne peut être la conséquence d'une idée, et encore moins la conséquence de leur propre philosophie, mais surgit exclusivement de l'évolution matérielle :

> Les thèses des communistes ne reposent nullement sur des idées [...]. Elles ne sont que l'expression générale des conditions réelles d'une lutte de classe existante [...].[52]

Dans de nombreux États, ces conditions réelles des travailleurs étaient indubitablement indignes et engendraient une lutte pour de meilleures conditions de vie. Les cités ouvrières ne possédaient ni éclairage ni canalisations. Le droit de vote était réservé aux citoyens fortunés, membres de la bourgeoisie. C'est pourquoi le leader ouvrier et social-démocrate Lassalle exigeait le droit de vote universel. Il espérait que les travailleurs, une fois qu'ils auraient envoyé leurs propres députés au parlement, pourraient, par la voie législative, raccourcir la journée de travail et conquérir des droits supplémentaires. Marx, par contre, croyait peu à une prise de pouvoir pacifique de la classe ouvrière.

> [...] la puissance matérielle doit être renversée par la puissance matérielle [...].[53]

C'est la raison pour laquelle Marx se brouilla avec le dirigeant social-démocrate Lassalle. Celui-ci n'aurait fait, selon Marx, que ralentir la prise de contrôle des moyens de production par les travailleurs en se contentant de concessions mineures accordées par les entrepreneurs et le gouvernement.

> Une transformation massive des hommes s'avère nécessaire pour la création en masse de cette conscience communiste, comme aussi pour mener la chose elle-même à bien ; or, une telle transformation ne peut s'opérer que par un mouvement pratique, par une *révolution* [...].[54]

Dépérissement de l'État

Marx et Engels étaient également convaincus que toute la superstructure, par exemple le système juridique en vertu duquel les travailleurs n'avaient pas le droit de vote, ne pouvait être renversée que si une césure s'opérait au préalable :

Ailleurs, Marx parle toutefois, plutôt que d'une grande révolution, d'une « période de révolutions sociales », ce qui évoque un processus de bouleversement différencié dans l'espace et dans le temps :

> Alors s'ouvre une période de révolution sociale. Le changement dans la base économique bouleverse plus ou moins rapidement toute l'énorme superstructure.[56]

Selon Marx et Engels, dans la phase de transition de la révolution, une « dictature du prolétariat » peut survenir brièvement, mais seulement jusqu'à ce que toutes les machines, usines et exploitations agricoles soient détenues en commun. La propriété privée bourgeoise est abolie. Tous les hommes travaillent désormais dans des exploitations détenues par le peuple. Dès que le processus de transformation est achevé, la contrainte que le prolétariat devait exercer dans la phase de bouleversement n'est plus nécessaire. Le gouvernement classique avec son pouvoir de domination sur les hommes est remplacé petit à petit par la simple administration des sites de production communistes. L'État comme instrument de la classe dominante dépérit de lui-même et est remplacé par une association équitable de tous les hommes :

> À la place de l'ancienne société bourgeoise, avec ses classes et ses antagonismes de classes, surgit une association dans laquelle le libre développement de chacun est la condition du libre développement de tous.[57]

Marx ne s'est malheureusement pas exprimé de manière plus précise ou concrète. Lui-même n'a plus vécu les révolutions communistes du XXe siècle. Aussi débat-on jusqu'à aujourd'hui pour savoir s'il aurait été satisfait de la réalisation du communisme en Union Soviétique, en RDA et dans les autres États associés. Ce qui est certain, c'est que tous les États communistes ont peiné en pratique à abolir complètement l'État comme instrument d'exercice de la domination ou, comme Marx l'exigeait, à le laisser dépérir. C'est précisément dans les États communistes qu'existèrent de vastes appareils administratifs rigides qui érigeaient bien souvent un nouveau système de domination avec des services secrets et des privilèges pour leurs responsables. À la question de savoir comment Marx lui-même se représentait le « libre développement » de l'humanité dans la nouvelle « association » humaine, il n'est pas possible d'apporter une réponse définitive. Mais on peut considérer qu'un esprit critique et un humaniste comme Marx n'aurait pas approuvé la réalisation rigide et en partie brutale du communisme suite à la révolution d'Octobre en Russie.

Aliénation

Une réflexion de Marx qui n'a rien perdu de son actualité est sa critique de l'aliénation du travail dans la société industrielle capitaliste.

Par aliénation, il désigne quelque chose de très simple : les choses que nous fabriquons au travail nous deviennent étrangères, et même la façon dont nous les fabriquons n'est pas naturelle. Si, par exemple, l'ouvrier d'une usine de condensateurs travaille à la chaîne et répète inlassablement les deux mêmes manipulations sans jamais voir le produit fini, et si le cas échéant il ne sait même pas ce qui advient ensuite des condensateurs fabriqués, il aura perdu tout rapport à son travail et à toute son activité créatrice.

Il ne vend effectivement que sa force de travail, tandis que le produit fini lui reste totalement « étranger ». Seul l'entrepreneur ou le capitaliste savent encore à qui les condensateurs seront vendus et dans quels appareils radios ils seront finalement incorporés.

L'aliénation est, pour Marx et Engels, un problème moderne spécifique. Les premiers hommes, chasseurs, cueilleurs ou agriculteurs, n'étaient pas encore confrontés à ce problème : « Ils savent ce qui advient du produit » car, écrit Engels, « [i]ls le consomment, il ne sort pas de leurs mains ; et tant que la production est établie sur cette base, son contrôle ne peut échapper aux producteurs, elle ne peut faire surgir devant eux le spectre de forces étrangères, comme c'est le cas, régulièrement et inéluctablement, dans la civilisation. »[58]

Au Moyen-âge aussi, il y avait encore du travail non aliéné dans lequel on pouvait s'identifier à son produit. Ainsi, un sellier fabriquait manuellement l'ensemble de la selle, décorée d'ornements et gravée de ses initiales personnelles, et il la remettait fièrement au client. Il déterminait lui-même le prix de ses efforts. Le travail, incarné par les selles, était une partie de lui, une partie de sa vie, de son épanouissement. Il était fier de son travail.

L'ouvrier ou l'employé salarié moderne, qu'il traite des données sur un ordinateur ou travaille sur une chaîne de montage, n'a plus aucune influence sur le produit fini. Celui-ci ne lui appartient pas. Son travail lui apparaît dès lors comme quelque chose d'étranger et de pénible :

Le caractère étranger du travail apparaît nettement dans le fait que, dès qu'il n'existe pas de contrainte physique ou autre, le travail est fui comme la peste.[59]

Cela engendre souvent, chez l'homme moderne, une sorte de dédoublement de la personnalité. Il ne s'épanouit plus dans le travail mais seulement dans les loisirs, et essaie de se ressourcer pendant ses vacances.

> En conséquence, l'ouvrier n'a le sentiment d'être auprès de lui-même qu'en dehors du travail et, dans le travail, il se sent en dehors de soi. [...] Son travail n'est donc pas volontaire, mais contraint, c'est du *travail forcé*.[60]

Le dépassement de l'aliénation

Si ces développements de Marx datent de plus d'un siècle et demi, ils n'ont hélas rien perdu de leur actualité. Aujourd'hui encore, beaucoup de personnes ne vivent que d'un congé à l'autre et se sentent dans le processus de travail comme des fourmis administrées qui vendent leur temps de vie au jour le jour. La solution que Marx et Engels nous proposent n'en est que plus fascinante : « Le vieux mode de production doit donc forcément être bouleversé de fond en comble, et surtout la vieille division du travail doit disparaître. À sa place doit venir une organisation de la production dans laquelle, d'une part, aucun individu ne peut se décharger sur d'autres de sa part de travail productif [...] ; dans laquelle, d'autre part, le travail productif, au lieu d'être moyen d'asservissement, devient moyen de libération des hommes [...]. »[61]

Un tel mode de production non aliéné doit être organisé sans propriété privée. Car c'est la propriété privée qui permet de se décharger de son travail sur d'autres et de ne vivre que d'un loyer, des intérêts, du rendement de ses actions ou de ses employés. Le mode de production économique privé doit être remplacé par un mode de production commun.

L'abolition de l'asservissement salarié engendrera alors, selon Engels, une formidable libération. « En offrant à chaque individu la possibilité de perfectionner et de mettre en œuvre dans toutes les directions l'ensemble de ses facultés physiques et intellectuelles [...], de fardeau qu'il était », espère ainsi Engels, « le travail devient un plaisir. »⁶²

Pour que, dans le communisme, le travail ne soit plus vécu comme fardeau, il faut que chaque être humain, dans la société communiste, puisse se développer selon ses facultés en sachant qu'il ne travaille pas pour le bien de quelques capitalistes, mais pour le bien de la communauté détentrice de tous les moyens de production.

Le royaume de la liberté

Marx concède cependant que dans le communisme aussi il existe des chaînes de montage et du travail monotone nécessaires à la production de moyens de subsistance et d'outils. Car tout travail, aussi bien organisé et commun soit-il, se situe toujours dans le royaume de la nécessité :

La pensée centrale de Marx

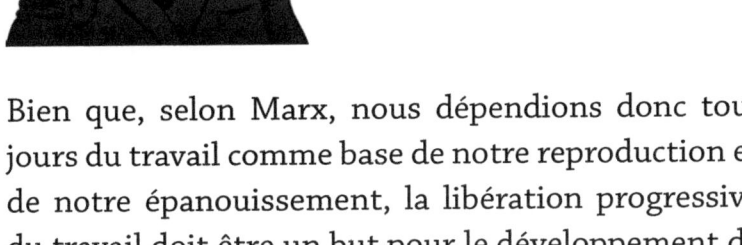

C'est au-delà que commence le développement des forces humaines comme fin en soi, le véritable royaume de la liberté qui ne peut s'épanouir qu'en se fondant sur l'autre royaume, sur l'autre base, celle de la nécessité.[63]

Bien que, selon Marx, nous dépendions donc toujours du travail comme base de notre reproduction et de notre épanouissement, la libération progressive du travail doit être un but pour le développement de la société.

En fait, le royaume de la liberté commence seulement là où l'on cesse de travailler par nécessité et opportunité imposée de l'extérieur [...].[64]

C'était donc le grand espoir de Marx : grâce à une « production rationnelle » et la mise en œuvre ciblée de techniques et de machines, de plus en plus de gens seront totalement ou en partie libérés du travail pour se consacrer à la science, l'art et la culture.

La condition essentielle de cet épanouissement est la réduction de la journée de travail.[65]

Le royaume de la nécessité n'est donc en fin de compte qu'une étape sur le chemin de la liberté.

À quoi nous sert aujourd'hui la découverte de Marx ?

La mise en garde contre le sorcier – comment garder le contrôle ?

Plus d'un siècle et demi plus tard, la critique de Marx sur les mécanismes centraux du capitalisme reste d'une actualité surprenante. Les gros capitaux battent les plus petits, disait Marx. Aujourd'hui, il ne se passe pratiquement pas un jour sans que des firmes soient démantelées, reprises ou rachetées par des firmes plus grandes. La mise en place d'autorités anti-trust et de surveillance ne peut empêcher les monopoles et les ententes sur les prix. Non seulement la concentration de capital décrite par Marx augmente dans le monde entier, mais la paupérisation progresse également. Il y a ainsi, dans la plupart des pays industrialisés, de plus en plus de personnes qui touchent de gros salaires, tandis que le nombre d'allocataires d'une aide sociale, de petits revenus et d'existences précaires augmente de façon dramatique. Marx avait prédit l'exacerbation du clivage social comme conséquence de l'économie capitaliste de marché :

Le capital peut croître en un lieu entre les mains d'une seule personne pour atteindre des masses considérables, parce qu'il est soustrait en un autre des mains de nombreuses personnes.[66]

L'actualité de la critique marxiste sur l'économie de marché ne fait aucun doute. Mais à quoi nous sert cette critique ? Que pouvons-nous améliorer ? Marx compare le capitalisme bourgeois, en raison de sa gigantesque production de marchandises et de son système financier incontrôlable, à un magicien ou un sorcier qui est dépassé par sa propre magie :

À quoi nous sert aujourd'hui la découverte de Marx ?

> La société bourgeoise moderne, qui a fait surgir de si puissants moyens de production et d'échange, ressemble au sorcier qui ne sait plus dominer les puissances infernales qu'il a évoquées.[67]

Cette parabole du sorcier est d'une actualité particulière dans la mesure où les citoyens sont aujourd'hui plus que jamais livrés sans défense aux crises mondiales.

La crise financière mondiale de 2008, par exemple, a ainsi frappé les gens comme un sortilège sans qu'il semble y avoir eu de véritable coupable. Les politiques ont désigné les banques qui n'étaient plus solvables en raison de spéculations manquées et de crédits caducs. Les dirigeants des banques ont désigné les clients qui ne payaient plus leurs mensualités pour les biens immobiliers. Les clients se plaignaient de leurs mauvais salaires à cause desquels ils ne pouvaient plus faire face aux intérêts de leurs prêts immobiliers. Certaines banques ont aussi désigné la cupidité de certains de leurs clients qui attendaient des intérêts bien trop élevés pour leur épargne, ce qui aurait à nouveau poussé les dirigeants des banques à se lancer dans des marchés hautement spéculatifs. Les petits épargnants, mais aussi les grands investisseurs, donnent généralement leur argent à la banque qui offre les taux les plus élevés et donc les investissements les plus rentables, mais aussi les plus risqués. C'est ainsi que la cupidité et la spéculation ne cessent de prendre de l'ampleur – comme animées par un sorcier qui ne peut plus contrôler sa propre magie.

Au fond, ont analysé les experts financiers, c'est l'attente, tout à fait normale dans le capitalisme, de rendements élevés par les sujets économiques – clients, managers, actionnaires, entreprises – qui engendre forcément des crises mondiales. Or, cette recherche de rendement est le moteur de toutes forces productives dans la société capitaliste bourgeoise, il n'est donc pas permis d'y toucher. Dès lors, que faire pour éviter les crises futures ? Selon Marx et Engels, il n'y a véritablement qu'une seule solution : « [...] une fois saisies dans leur nature, elles [les forces productives] peuvent [...] se transformer de maîtresses démoniaques en servantes dociles. [...] En traitant de la même façon les forces productives actuelles [...], on voit l'anarchie sociale de la production remplacée par une réglementation socialement planifiée de la production, selon les besoins de la communauté comme de chaque individu. »[68]

La régulation planifiée de la production est donc, pour Marx et Engels, la seule solution pour résoudre le problème de la production et de la spéculation incontrôlables. Elle est synonyme de prise en charge communiste des entreprises et des banques, c'est-à-dire de contrôle étatique de tous les processus de production. Pourtant, l'évolution historique des pays socialistes a montré que l'économie planifiée réclamée par Marx et Engels engendrait elle aussi de gros problèmes. Ainsi, dans les pays socialistes, les marchandises n'étaient souvent pas fabriquées en quantité et qualité suffisantes. Les pénuries étaient fréquentes et de longues files se formaient devant les magasins. De plus, les planificateurs et responsables étatiques ne réagissaient pas assez vite face aux besoins changeants de la population. En fin de compte, ce sont les citoyens eux-mêmes qui ont tourné le dos à l'économie planifiée en abolissant de nouveau les systèmes communistes. Depuis l'autodissolution de la communauté des États socialistes dans les années quatre-vingt-dix, nous sommes confrontés au problème suivant : si la critique marxiste du capitalisme est à nouveau pertinente dans bien des domaines, la solution que propose Marx, à savoir l'abolition de la propriété privée, n'a pas non plus fait ses preuves.

Il y a pourtant une chose essentielle que nous pouvons apprendre de Marx. Nous devons œuvrer avec ténacité à ce que le capitalisme ne devienne pas impossible à réguler. Car une fois que la société a perdu le contrôle de l'économie, elle est perdue. Or, contrôler l'économie signifie en même temps restreindre, de façon limitée mais ciblée, la libre entreprise. Une série d'États, dont la République Fédérale d'Allemagne, ont ainsi tenté, après la deuxième guerre mondiale, de réaliser ce qu'on appelle une « économie sociale de marché ». Il s'agissait de donner un visage humain au capitalisme en garantissant à tous les citoyens une protection contre la pauvreté sous la forme d'aide sociale, d'enseignement gratuit et de couverture médicale, indépendamment du revenu. Il s'agissait aussi d'écarter le risque de paupérisation par une répartition fiscale et des plans d'épargne. L'objectif était de créer une large classe moyenne pour résorber la fracture entre pauvres et riches.

Suite à la mondialisation et à la concurrence avec les pays à bas salaires, bon nombre de ces acquis ont cependant été de nouveau supprimés. Ainsi existe-t-il aujourd'hui dans la plupart des pays d'Europe des frais de scolarité ainsi que des écoles et universités privées. Et suite à la mise en place de systèmes d'assurance privés, la qualité des prestations de santé dépend à nouveau du salaire, et le nombre de pauvres augmente drastiquement dans toute l'Europe. Il faut maintenant renverser la vapeur.

Si ni l'économie de marché débridée, ni l'économie planifiée totale ne sont souhaitables, il convient de trouver une voie médiane. Une voie qui permette le libre épanouissement de l'individu avec tous ses intérêts et sa recherche de profit, mais qui la limite là où la dignité des autres est lésée. La grande tâche du futur consistera donc à autoriser l'intérêt individuel tout en limitant la cupidité. Car la cupidité incontrôlée, voilà bien au fond le sorcier contre lequel Marx nous a justement mis en garde. Une société qui perd le contrôle de l'économie est perdue. Concrètement, cela ne peut se traduire que par la mise en place de bases légales pour une surveillance efficace des banques et des entreprises qui impose des limites à la recherche du profit.

Chaque époque a son idéologie – y compris la nôtre. Critique de l'idéologie aujourd'hui

Une autre découverte précieuse de Marx fut sans aucun doute le rapport entre la base et la superstructure. Marx est le premier à avoir identifié les fondements économiques de la vie sociale et leur influence sur le développement culturel et spirituel. Il existe effectivement un lien étroit entre la manière dont les hommes assurent leur survie matérielle et leurs convictions. Même les adversaires du marxisme sont forcés de le reconnaître. Depuis Marx, pratiquement tous les philosophes prennent en compte les conditions matérielles dans leurs considérations.

Et il est en effet important pour chaque être humain de prendre conscience de sa base économique pour en dégager une vision claire de la superstructure intellectuelle. Tout comme le système féodal se légitimait par la grâce de dieu, le patriotisme et le nationalisme faisaient partie de la société capitaliste bourgeoise des XIXe et XXe siècles. Car la fierté de la langue et de l'origine commune réunissait le capitaliste avec le salarié en une communauté à laquelle tous les êtres humains pouvaient avoir le sentiment d'appartenir alors qu'ils avaient en réalité des intérêts contraires. Marx critiquait cette superstructure chez les travailleurs comme idéologie, comme fausse conscience. Car le nationalisme est selon Marx une idée qui ne profite qu'aux détenteurs de biens fonciers et de capital :

Les idées dominantes d'une époque n'ont jamais été que les idées de la classe dominante.[69]

Marx considérait le nationalisme naissant comme une idéologie extrêmement dangereuse permettant à la bourgeoisie de monter les travailleurs les uns contre les autres. Car si un travailleur part en guerre pour défendre sa patrie, il risque finalement sa vie non pas pour son propre intérêt, mais combat seulement pour les détenteurs de biens fonciers et de moyens de production. Et même si la guerre est gagnée, le travailleur ne tire aucun avantage des conquêtes. Il retourne à son poste de travail et reste le salarié qu'il a toujours été. Dès lors, à quoi bon combattre pour des intérêts qui ne sont pas les siens ? Il ne devrait plus jamais arriver, selon Marx, que le travailleur allemand tire sur le travailleur français ou anglais. C'est pourquoi Marx créa une union transnationale de partis ouvriers appelée « l'Internationale », et commença son célèbre manifeste communiste par un appel aux travailleurs à ne plus se laisser monter les uns contre les autres :

Marx aurait été stupéfait de voir se produire, malgré sa mise en garde, deux guerres mondiales où des travailleurs français, anglais et allemands, entre autres, se tirèrent dessus.

Aujourd'hui, presque partout en Europe, il semble qu'on ait surmonté le nationalisme en tant qu'idéologie. Mais si Marx a raison et qu'il y a dans toute société une idéologie dominante qui reflète et légitime les rapports de production matériels, on peut se demander quelle idéologie nous avons aujourd'hui. Y a-t-il aussi dans le capitalisme moderne une idéologie qui justifie le système économique et ses incommensurables différences de revenu ? Y a-t-il peut-être même une superstructure intellectuelle qui, malgré toutes les crises économiques, identifie l'égoïsme des sujets économiques individuels comme finalité naturelle de l'humanité ?

Il ne faut pas chercher longtemps. Nos librairies regorgent de publications à caractère idéologique qui, au lieu de critiquer et d'améliorer notre système économique, le justifient comme seule vérité ne pouvant être remise en question. Le sociobiologue Richard Dawkins a par exemple écrit un bestseller intitulé « Le gène égoïste ». Selon lui, être égoïste et poursuivre ses buts seraient génétiquement inscrits dans l'être humain. La thèse classique de Darwin, selon laquelle tout dans la nature tournerait autour de la survie de l'espèce, serait fausse. En réalité, l'évolution suivrait seulement la loi de la transmission égoïste de ses propres gènes. Ainsi, un lionceau qui parvient à chasser un vieux lion et à prendre la tête de la meute, tuerait d'abord tous les nouveau-nés pour pouvoir diffuser plus rapidement ses propres gènes. Car les lionnes ne sont pas fécondes tant que leur progéniture n'a pas atteint un certain âge. Par contre, si les jeunes meurent, elles redeviennent aussitôt fécondes et le nouveau chef de la meute peut transmettre plus vite ses propres gènes. Pour le maintien de l'espèce, tuer tous les nouveau-nés serait désavantageux ; mais cela serait avantageux pour la diffusion égoïste de ses propres gènes. Cet exemple d'une meute de lions montrerait, selon Dawkins, que c'est l'égoïsme des gènes qui serait le véritable objectif de l'évolution, et non la survie de l'espèce, comme l'affirmait encore Darwin. Dans son livre « Le principe de l'auto-intérêt », le sociobiologue Wickler défend lui aussi la théorie selon laquelle les humains, du fait de leur codage génétique, doivent agir de façon égoïste – et le font effectivement au quotidien.

À entendre de telles hypothèses en sciences naturelles, on est tenté de penser qu'il s'agit moins d'une vérité assurée que d'une superstructure idéologique au sens de Marx, c'est-à-dire d'une fausse conscience. Si l'exemple du comportement égoïste des lions peut très bien se vérifier, on rencontre aussi des contre-exemples dans la nature. Les éléphants et les buffles, par exemple, élèvent les nouveau-nés au sein du troupeau même si la mère meurt. Le renvoi à des exemples isolés dans la nature est donc éminemment discutable. Ainsi, on ne peut pas non plus considérer que le mariage soit la seule forme de vie naturelle simplement parce que les cigognes vivent de façon monogame. Il existe autant de contre-exemples et il serait illusoire et aveugle d'axer son comportement en termes de fidélité sur de quelconques modèles dans la nature, voire de s'y référer moralement. Les déductions que les sociobiologues tirent du comportement apparemment génétiquement codé des animaux sur la vie sociale des humains relèvent d'un raisonnement tout aussi aléatoire.

Ce qui éveille surtout les soupçons, c'est que, dans une situation où les individus sont en concurrence à l'échelle mondiale pour les emplois et les ressources, des scientifiques jugent bon de fournir la superstructure qui correspond à la base économique – une superstructure qui présente la lutte économique de « tous contre tous » comme tout à fait naturelle et inscrite biologiquement.

Le danger que présente ce genre de biologismes idéologiques – du reste souvent tirés par les cheveux – c'est que tous ceux qui lisent ces livres et faisaient patiemment la queue au supermarché se mettent soudain à se bousculer. Il faut s'attendre à voir paraître prochainement toute une série de justifications pseudo-scientifiques de l'égoïsme inné.

Mais qui a lu Marx sait qu'il faut toujours avoir à l'esprit que ces études soi-disant scientifiques ne constituent que la simple superstructure et le reflet – dans ce cas carrément grossier – de la base matérielle, et en aucun cas la vérité. Car si Marx a raison avec sa théorie selon laquelle chaque époque engendre sa superstructure et son idéologie, cela s'applique aussi à notre époque. C'est pourquoi il convient de rester vigilant et même de hisser peut-être la critique de l'idéologie au rang de discipline scolaire. Une société vivante a besoin de pratiquer une autocritique permanente et d'œuvrer à l'amélioration des conditions matérielles. Même concernant les théories scientifiques, il faut toujours se demander quelle est la part de vérité et ce qui relève de la superstructure idéologique visant à figer pour l'éternité les conditions économiques actuelles. Marx nous a donné les outils pour identifier l'idéologie comme fausse conscience et pour nous en affranchir.

Réaliser le royaume de la liberté – le travail n'est qu'une étape

La perspective la plus belle et la plus importante que Marx nous ait léguée est peut-être sa vision du royaume de la liberté. Cette vision a – comme beaucoup de réflexions de Marx – une logique séduisante. Depuis toujours, les hommes doivent travailler pour assurer leur subsistance.

Cependant, au cours de l'histoire, ils n'ont cessé d'améliorer leurs moyens de production. Grâce aux machines, robots et ordinateurs, peut-être serons-nous un jour à un stade historique où nous produirons avec une telle efficacité que nous pourrons sortir du royaume du travail aliéné et de la nécessité. Marx avait lui aussi perçu l'efficacité croissante des possibilités modernes de production et exigeait déjà une réduction massive du temps de travail :

> La richesse véritable de la société et la possibilité d'un élargissement ininterrompu de son procès de reproduction ne dépendent donc pas de la durée du surtravail, mais de sa

 productivité et des conditions plus ou moins perfectionnées dans lesquelles il s'accomplit.[71]

La richesse de notre société est donc fondée, selon Marx, non plus sur les heures de travail que nous effectuons, mais sur la mise en œuvre de techniques, de machines et d'énergie. Ce que produisait jadis en moyens de subsistance une ferme comptant 10 enfants, 8 servantes et 20 valets de ferme munis de faux et de charrettes à foin, un seul agriculteur le réalise aujourd'hui à l'aide de ses machines. Déjà, les premières voitures construites sans aucune intervention manuelle humaine sortent des chaînes de montage. Dans beaucoup de sociétés développées, on n'a donc plus besoin, loin s'en faut, de tous les citoyens pour le travail socialement nécessaire. La plupart des pays européens ont des « chômeurs ». Le terme est négatif, car il exprime le manque ou plutôt la perte du travail, et non le bénéfice éventuel. Car, au fond, c'est une bonne chose que grâce aux machines et à l'informatique, de plus en plus de personnes sont affranchies des tâches abrutissantes. Peut-être faudrait-il parler d'affranchis plutôt que de chômeurs. Marx est l'un des premiers à nous avoir signalé que l'épanouissement est aussi possible au-delà du travail, qu'à l'avenir de larges parts de la population pourront se consacrer à l'art, la science et la recherche. Il nourrissait la grande vision d'un royaume de la liberté au-delà du travail matériel :

> Le royaume de la liberté [...] se situe donc, par nature, au-delà de la sphère de production matérielle proprement dite.[72]

Si Marx a raison, et si nous pouvons arriver à un moment donné, avec des moyens de production modernes, à affranchir du travail de larges parts de la population, alors l'épanouissement au-delà du travail est une sortie souhaitable du royaume de la nécessité – un jalon historique sur la voie de la libération de l'homme face à la simple appropriation de la nature. Cela inclut bien entendu la participation des affranchis au produit de la production sociale, ce qui allait de soi pour Marx. Cette vision marxiste est aujourd'hui de plus en plus au cœur des débats. Peut-être le temps est-il mûr pour la mise en place de ce qu'on appelle le « revenu de base inconditionnel ».

Le panache de cette idée tient au fait que chaque citoyen perçoit ce revenu de base même s'il travaille par ailleurs. Il n'y a ainsi pas de jalousie, et chacun a la liberté d'accroître son revenu et de s'épanouir librement. En même temps, il est socialement accepté de vivre de son revenu de base et, comme Marx osait l'anticiper, de se consacrer à la science, l'art et la culture. Comme il n'y a de toute façon pas assez de travail pour tout le monde, il serait même jugé louable que des personnes optent pour la voie matériellement modeste, mais plus riche sur le plan des possibilités d'épanouissement spirituel. En outre, on économiserait les coûts énormes de l'appareil administratif et des agents de l'office pour l'emploi étant donné que le revenu de base serait automatiquement versé par virement permanent par l'administration fiscale normale à partir du dix-huitième anniversaire.

Quelle que soit la solution concrète qui est retenue, une chose est sûre : la société moderne produit déjà avec une telle efficacité que de plus en plus de gens sont effectivement affranchis du travail. La vision de Marx prend donc d'ores et déjà des formes concrètes. Peut-être sommes-nous arrivés à ce tournant historique qui nous permet d'oser quelque chose. Pourquoi ne pas faire le premier pas – vers le « royaume de la liberté » ?

Si l'égoïsme peut fonctionner, c'est seulement en tant qu'être générique que l'homme atteint à la perfection

Apprendre de Marx, cela signifie prendre conscience des racines du capitalisme et en identifier les faiblesses. Et sans doute sa plus grande faiblesse est-elle en même temps sa plus grande force. Il s'agit de l'égoïsme du producteur et du consommateur individuel. Adam Smith, le père du capitalisme, a dit un jour que c'est finalement grâce à cet égoïsme que les rayons des supermarchés sont toujours pleins. Car si une marchandise est rare, son prix monte aussitôt et elle génère un profit élevé. En conséquence, d'autres entrepreneurs se mettent à fabriquer cette marchandise lucrative. Il en résulte une production décuplée, jusqu'à ce que la marchandise soit de nouveau surabondante. Pour pouvoir continuer à la vendre, les fabricants se livrent une concurrence des prix par le bas. À la fin, la marchandise autrefois rare et chère se retrouve de nouveau à prix avantageux et en grande quantité dans les rayons des supermarchés. De manière quelque peu euphorique, Adam Smith qualifiait cette autorégulation d'équilibre divin et évoquait une main invisible transformant l'égoïsme des entrepreneurs en intérêt général.

> Il est un fait que la production planifiée des pays socialistes ne put jamais atteindre tout à fait l'efficacité et la rapidité des producteurs et négociants privés, guidés par un comportement économique égoïste, des pays d'Amérique et d'Europe de l'Ouest. Cependant, la recherche du profit comme moteur du capitalisme était et reste sa plus grande faiblesse, comme Engels et Marx l'ont bien identifié. « La basse cupidité fut l'âme de la civilisation, de son premier jour à nos jours, la richesse, encore la richesse et toujours la richesse, non pas la richesse de la société, mais celle de ce piètre individu isolé, son unique but déterminant. »[73]

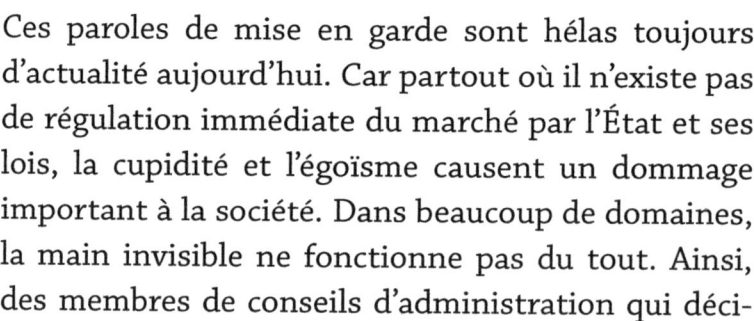

Ces paroles de mise en garde sont hélas toujours d'actualité aujourd'hui. Car partout où il n'existe pas de régulation immédiate du marché par l'État et ses lois, la cupidité et l'égoïsme causent un dommage important à la société. Dans beaucoup de domaines, la main invisible ne fonctionne pas du tout. Ainsi, des membres de conseils d'administration qui décident eux-mêmes de leur rémunération s'accordent des revenus et primes disproportionnés par rapport aux prestations sociales qu'ils fournissent. De plus, les ressources écologiques sont impitoyablement sacrifiées à la course au profit. La société capitaliste bourgeoise éduque ses citoyens à maints égards à se comporter en égoïstes devant s'affirmer en tant qu'individus dans la concurrence face à d'autres individus égoïstes. Or, selon Marx, c'est faire fi de la finalité première de l'homme :

L'homme est un être générique [...].[74]

Marx décrit par là, d'une part, le fait que les hommes ne sont pas par nature des individus solitaires et égoïstes, mais qu'ils sont des être sociaux qui vivent, s'accouplent, se reproduisent, travaillent, mangent et passent leur temps libre au sein de familles, de communautés et d'États. D'autre part, et c'est là le sens plus vaste de cette affirmation, l'homme ne peut trouver sa finalité véritable et sa satisfaction que comme être générique. Jeune homme, Marx écrivait déjà dans son travail de fin d'études secondaires :

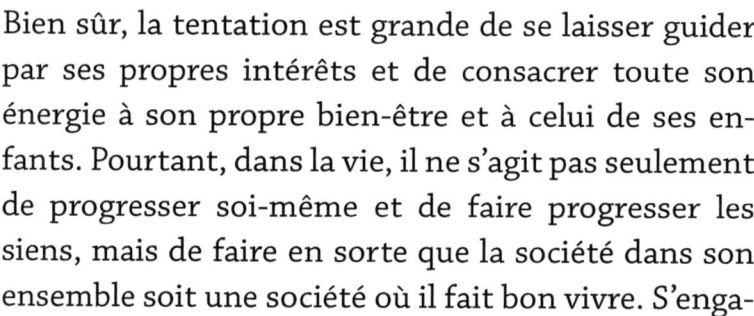

L'idée maîtresse qui doit nous guider [...], c'est le bien de l'humanité et notre perfectionnement. On aurait tort de croire que ces deux intérêts s'opposent nécessairement [...]. L'humaine nature est ainsi faite que c'est seulement en œuvrant pour le bien et la perfection du monde qui l'entoure que l'homme peut atteindre sa propre perfection.[75]

Bien sûr, la tentation est grande de se laisser guider par ses propres intérêts et de consacrer toute son énergie à son propre bien-être et à celui de ses enfants. Pourtant, dans la vie, il ne s'agit pas seulement de progresser soi-même et de faire progresser les siens, mais de faire en sorte que la société dans son ensemble soit une société où il fait bon vivre. S'engager pour les autres, avoir le sens des responsabilités pour l'ensemble, et donc être disposé à répondre du bien-être de tous, telle est, selon Marx, la finalité véritable et peut-être la plus élevée de l'homme :

Si l'on ne crée que pour soi-même, on pourra certes devenir un savant célèbre, un grand philosophe, un remarquable poète, mais jamais un homme épanoui, vraiment grand.[76]

Index des citations

1. Citation, Karl Marx, Friedrich Engels, Manifeste du Parti communiste, Collection Les Classiques des sciences sociales, version numérique, p. 6.
2. Citation, Thèses sur Feuerbach, traduction française, 1952, Collection Les Classiques des sciences sociales, version numérique, p. 59.
3. Citation, Manifeste du Parti communiste, op. cit., p. 6.
4. Citation, Lettre de Marx à Engels du 8 septembre 1852.
5. Citation, L'idéologie allemande, traduction française, 1952, Collection Les Classiques des sciences sociales, version numérique, p. 18.
6. Citation, L'idéologie allemande, op. cit., p. 18.
7. Citation, Introduction à la critique de l'économie politique, Éditions L'Altiplano, 2008, p. 32.
8. Citation, L'idéologie allemande, op. cit., p. 13.
9. Citation, Manuscrits de 1844, Collection Les Classiques des sciences sociales, version numérique, p. 61.
10. Citation, Le Capital, Livre I, Presses Universitaires de France, 1993, p. 48.
11. Citation, Manuscrits de 1844, op. cit., p. 61.
12. Citation, Manuscrits de 1844, op. cit., p. 61.
13. Citation, Manuscrits de 1844, op. cit., p. 84.
14. Citation, L'idéologie allemande, op. cit., p. 13.
15. Citation, L'idéologie allemande, op. cit., p. 13.
16. Citation, L'idéologie allemande, op. cit., p. 13.
17. Citation, Manuscrits de 1844, op. cit., p. 82.
18. Citation, Friedrich Engels, Anti-Dühring, Collection Les Classiques des sciences sociales, version numérique, p. 81.
19. Citation, L'idéologie allemande, op. cit., p. 17.
20. Citation, L'idéologie allemande, op. cit., p. 17.
21. Citation, Manifeste du Parti communiste, op. cit., p. 22.
22. Citation, Critique du droit politique hégélien, Éditions Allia, 2010, p. 382.

23 Citation, Critique du droit politique hégélien, op. cit., p. 382.
24 Citation, Critique du droit politique hégélien, op. cit., p. 382.
25 Citation, Critique du droit politique hégélien, op. cit., p. 382.
26 Citation, Critique du droit politique hégélien, op. cit., p. 383.
27 Citation, Critique du droit politique hégélien, op. cit., p. 383.
28 Citation, Friedrich Engels, L'origine de la famille, de la propriété et de l'État, Collection Les Classiques des sciences sociales, version numérique, p. 134.
29 Citation, Friedrich Engels, L'origine de la famille, de la propriété et de l'État, op. cit., p. 135.
30 Citation, Manifeste du Parti communiste, op. cit., p. 6.
31 Citation, Manifeste du Parti communiste, op. cit., p. 6.
32 Citation, Manifeste du Parti communiste, op. cit., p. 10.
33 Citation, Manifeste du Parti communiste, op. cit., p. 9.
34 Citation, Manifeste du Parti communiste, op. cit., p. 10.
35 Citation, Le Capital, Livre I, op. cit., p. 856.
36 Citation, Manifeste du Parti communiste, op. cit., p. 35.
37 Citation, Travail salarié et capital, Collection Les Classiques des sciences sociales, version numérique, p. 28.
38 Citation, Travail salarié et capital, op. cit., p. 29.
39 Citation, Travail salarié et capital, op. cit., p. 33.
40 Citation, Le Capital, Livre I, op. cit., p. 693.
41 Citation, Le Capital, Livre I, op. cit., p. 702.
42 Citation, Le Capital, Livre I, op. cit., p. 702.
43 Citation, Le Capital, Livre I, op. cit., p. 702.
44 Citation, Le Capital, Livre I, op. cit., p. 702.
45 Citation, Le Capital, Livre I, op. cit., p. 856.
46 Citation, Le Capital, Livre I, op. cit., p. 703.
47 Citation, Le Capital, Livre I, op. cit., p. 856.
48 Citation, Le Capital, Livre I, op. cit., p. 723.
49 Citation, Contribution à la critique de l'économie politique, Collection Les Classiques des sciences sociales, version numérique, p. 18.
50 Citation, Le Capital, Livre I, op. cit., p. 856.
51 Citation, L'idéologie allemande, op. cit., p. 24.
52 Citation, Manifeste du Parti communiste, op. cit., p. 18.
53 Citation, Critique du droit politique hégélien, op. cit.
54 Citation, L'idéologie allemande, op. cit., p. 50.

55 Citation, L'idéologie allemande, op. cit., p. 50.
56 Citation, Contribution à la critique de l'économie politique, op. cit., p. 18.
57 Citation, Manifeste du Parti communiste, op. cit., p. 24.
58 Citation, L'origine de la famille, de la propriété et de l'État, op. cit., p. 134.
59 Citation, Manuscrits de 1844, op. cit., p. 59.
60 Citation, Manuscrits de 1844, op. cit., p. 59.
61 Citation, Friedrich Engels, Anti-Dühring, op. cit., p. 232.
62 Citation, Friedrich Engels, Anti-Dühring, op. cit., p. 252.
63 Citation, Le Capital, Livre III, Éditions Nouvelle Frontière, p. 742.
64 Citation, Le Capital, Livre III, op. cit., p. 742.
65 Citation, Le Capital, Livre III, op. cit., p. 742.
66 Citation, Le Capital, Livre I, op. cit., p. 703.
67 Citation, Manifeste du Parti communiste, op. cit., p. 11.
68 Citation, Socialisme utopique et socialisme scientifique, Collection Les Classiques des sciences sociales, version numérique, p. 62.
69 Citation, Manifeste du Parti communiste, op. cit., p. 22.
70 Citation, Manifeste du Parti communiste, op. cit., p. 35.
71 Citation, Le Capital, Livre III, op. cit., p. 741.
72 Citation, Le Capital, Livre III, op. cit., p. 742.
73 Citation, L'origine de la famille, de la propriété et de l'État, op. cit., p. 136.
74 Citation, Manuscrits de 1844, op. cit., p. 60.
75 Citation, Réflexions d'un adolescent sur le choix d'une profession, in : Critique de l'éducation et de l'enseignement, Collection Les Classiques des sciences sociales, version numérique, p. 46.
76 Citation, Ibidem, p. 46.

Déjà paru dans la même série:

Walther Ziegler
Camus en 60 minutes
1ère èdition janvier 2019
84 pages, Poche, € 9,99
ISBN 9782-3-2210-973-9

Walther Ziegler
Freud en 60 minutes
1ère èdition janvier 2019
88 pages, Poche, € 9,99
ISBN 9782-3-2210-969-2

Walther Ziegler
Hegel en 60 minutes
1ère èdition janvier 2019
124 pages, Poche, € 9,99
ISBN 9782-3-2210-965-4

Walther Ziegler
Kant en 60 minutes
1ère èdition janvier 2019
148 pages, Poche, € 9,99
ISBN 9782-3-2210-962-3

Walther Ziegler
Marx en 60 minutes
1ère èdition janvier 2019
104 pages, Poche, € 9,99
ISBN 9782-3-2210-967-8

Walther Ziegler
Nietzsche en 60 minutes
1ère èdition janvier 2019
152 pages, Poche, € 9,99
ISBN 9782-3-2209-114-0

Walther Ziegler
Platon en 60 minutes
1ère èdition janvier 2019
104 pages, Poche, € 9,99
ISBN 9782-3-2210-956-2

Walther Ziegler
Rousseau en 60 minutes
1ère èdition janvier 2019
104 pages, Poche, € 9,99
ISBN 9782-3-2210-960-9

Walther Ziegler
Sartre en 60 minutes
1ère èdition janvier 2019
116 pages, Poche, € 9,99
ISBN 9782-3-2210-971-5

Walther Ziegler
Smith en 60 minutes
1ère èdition janvier 2019
100 pages, Poche, € 9,99
ISBN 9782-3-2210-958-6

À paraître dans la même série:

Walther Ziegler
Adorno en 60 minutes

Walther Ziegler
Arendt en 60 minutes

Walther Ziegler
Habermas en 60 minutes

Walther Ziegler
Foucault en 60 minutes

Walther Ziegler
Heidegger en 60 minutes

Walther Ziegler
Hobbes en 60 minutes

Walther Ziegler
Popper en 60 minutes

Walther Ziegler
Rawls en 60 minutes

Walther Ziegler
Schopenhauer en 60 minutes

Walther Ziegler
Wittgenstein en 60 minutes

Auteur:

Walther Ziegler est professeur d'université et docteur en philosophie. En tant que correspondant à l'étranger, reporter et directeur de l'information de la chaîne de télévision allemande ProSieben, il a produit des films sur tous les continents. Ses reportages ont été récompensés par plusieurs prix. En 2007, il prit la direction de la « Medienakademie » à Munich, une Université des Sciences Appliquées et y forme depuis des cinéastes et des journalistes. Il est l'auteur de nombreux ouvrages philosophiques, qui ont été publiés en plusieurs langues dans le monde entier. Dans sa qualité de journaliste de longue date, il parvient à résumer la pensée complexe des grands philosophes de manière passionnante et accessible à tous.